BIBLIOTHEQUE DE CAMPAGNE.

Ce Volume contient :

BIBLIOTHEQUE DE CAMPAGNE,

OU LES AMUSEMENS DU CŒUR ET DE L'ESPRIT.

TOME XII.

A AMSTERDAM,

Et se trouve

A PARIS,

Chez la Veuve DUCHESNE, Libraire, rue S. Jacques, au Temple du Goût.

FO-KA,

OU

LES MÉTAMORPHOSES,

CONTE CHINOIS.

Dérobé à M. DE V***.

PREMIÈRE PARTIE.

A PÉKIN,

Et se trouve à PARIS,

CHEZ la Veuve DUCHESNE, Libraire, rue Saint-Jacques, au Temple du Goût.

M. DCC. LXXVII.

PRÉFACE.

THIEN-MIN, Roi des Tartares, ayant fait la conquête de la Chine en 1618, les Arts & les Sciences y florirent * ſous ſon petit-fils, l'Empereur *Cang-hi*, & parmi les Lettrés qui s'y diſtinguèrent *Ching-han* fut en Aſie ce qu'a été *Eraſme* en Europe. Il joignoit une grande

* J'admets *florir* dans le ſens figuré, comme plus ſonore.

gaîté & une ſaine critique à une vaſte érudition. Après avoir fait les plus gros volumes ſur les plus graves matières, il finit par ſe perſuader qu'il n'y avait rien de ſûr ; on prétend même qu'il oſa croire que la plûpart des Sciences n'étaient que conjecturales ; ce fut dans cet état de délire ou de raiſon, je ne ſais lequel, qu'il compoſa ces Métamorphoſes. Toute la cabale Littéraire ſe déchaîna contre lui, parce qu'il n'avait point fait un ſyſtême d'éducation romaneſque ; on le trouva trop futile ; parce qu'il n'avait pas affiché la Philoſophie ; On lui reprocha ſur-tout de n'avoir pas critiqué & pédantiſé dans une préface hiſtorique & doctorale, mais il amuſa les Elégans, il plut aux Petites-Maîtreſſes, & ſe moqua des Critiques. J'en ferai autant ſi ma Traduction peut devenir â la mode comme les petites infidélités & les hautes plumes des Belles.

FO-KA,

OU

LES MÉTAMORPHOSES,

CONTE CHINOIS.

CHAPITRE PREMIER.

Introduction métaphysique du goût des Dames.

AU tems où les Fées règnoient sur la terre, & y répandaient par raison ou par fantaisie les biens & les maux, il y avait déjà des rêveurs, qui se croyant des Savans

& ſe diſant des Philoſophes, argotoient obſcurément & ſur les attributs occultes de ces Etres métaphyſiques & ſur l'inégale départition de ces biens & de ces maux ; mais tandis qu'ils cherchoient les cauſes des premiers, ils étaient accablés ſous le poids des derniers, & les choſes allaient toujours leur train, parce que la graine d'hommes que la Fée ſouveraine jettait à tours de bras ſur ce globe, tomboit au haſard ou en des endroits fortunés, ou en des lieux indigens.

Quoique l'Empire du Génie Clinquant parut alors l'un des plus merveilleux de l'Aſie, il n'en étoit pas plus exempt de la biſarre départition de nos graines. *Fo-ka*, pauvre here Clincannais en fut une preuve.

Il naquit dans la maiſon d'un Artiſan, qui n'avait que la misère & une jolie femme en partage ; mais comme cette maiſon & cette femme avoiſinoient de très-près une Communauté de Bonzes alègres, il ſeroit difficile d'aſſigner un vrai père à notre héros ; ſuivons donc l'uſage des Grands du pays, tenons-nous-en aux apparences, & regardons-le comme fils de l'Artiſan. Le bonhomme le crut ſi bien qu'il vanta ſa figure & ſon eſprit, avant même que l'un & l'autre fuſſent développés.

On fit faire des études à notre grimaud ; on lui mit beaucoup de mots dans la tête d'un Langue morte, dont il ignora toujours & la prononciation & l'énergie. A l'égard de la ſienne, ſoit à cauſe de la multiplicité infinie d'acceptions de ſes termes *, ſoit à cauſe de l'ignorance de ſes inſtituteurs, il ne ſut jamais bien non plus la parler, la prononcer ni l'écrire. Du reſte il avait appris des *Lettrés* un grand nombre de mots baroques qui le mettaient en état d'argumenter en forme, c'eſt-à-dire, de préſenter de la manière la plus obſcure la propoſition la plus ſimple. Voilà donc ſes dons naturels gâtés par

* Le même mot chez les Chinois n'étant que d'une ſyllabe, a juſqu'à onze ſens très-différens.

les qualités acquises ; voilà mon petit drôle hérissé de mots & paitri de suffisance, en état d'abandonner ses parens, & de s'introduire dans la société : voyons ce qu'il y va faire.

CHAPITRE II.

Bon ſens ne peut mentir.

FO-KA tenait de ſa mère une grande vénération pour les Bonzes, dont elle avait été ſi proche voiſine lorſqu'elle lui donna l'être ; il alloit les voir fréquemment, leur faiſait des queſtions ſcientifiques, & ne revenoit ni mieux inſtruit, ni plus riche.

Un certain inſtinct naturel lui perſuadant que celui qui avait la figure la plus enluminée, la barbe la plus noire, devoit s'intéreſſer de préférence à ſa fortune, il le pria de l'inſtruire ſur les moyens de s'enrichir.

Celui - ci , apres lui avoir fait un grand préambule ſur la cauſe première , la cauſe ſeconde , la cauſe efficiente, &c. conclut par lui dire que les femmes étoient le canal de l'avancement , ce qu'il prouva par la vertu magnétique & la cauſe attractive qui leur faiſoit mener les hommes par le bout du nez, mais il lui conſeilla d'employer plus de phyſique expérimentale que de raiſonnemens ſubtiles avec elles, & le congédia en l'aſſurant que ſi cela ne réuſſiſſoit pas à ſon gré, il lui feroit part de ſes connoiſſances aſtrologiques, à l'aide deſquelles on parviendroit ſans doute à le rendre auſſi important un jour que l'étoient nombre de gredins qui figuraient alors dans le Royaume.

CHAPITRE III.

Epreuve naturelle.

IL y avoit dans le voisinage de Fo-ka une jeune personne nommée *Zizie*, dont l'œil agaçant & le sein palpitant sembloient appeler l'amour. Notre jeune homme se mit en devoir de répondre pour lui, & voulut d'abord employer la physique expérimentale pour se rendre plus intelligible. Cela lui réussit à un certain point. La petite personne commençait à sourire, & alloit *sourougir* quand ils furent distraits par un jeune Seigneur, qui passant par le jardin où ils étaient alors, fit ſonner, en courant, un tas de riches breloques qu'il avoit à ſa montre ; un pareil bruit méritoit d'autant plus de diſtraction, ou plutôt d'attention de la part de Zizie, que c'étoit une élève de Terpſicore que dreſſoit une tante entendue pour la faire entrer dans les ſpectacles de la Cour & dans les petites-maiſons des Seigneurs. En vain Fo-ka voulut-il dire que l'apparition de celui-ci n'avoit rien de commun avec leur converſation ; on ne lui fit que trop entendre que l'objet de cette même converſation devoit avoir plus de rapport au ſurvenant qu'à lui, il voulut inſiſter, on eut la migraine ; il métaphyſiqua l'Amour, parla ſentiment, on bailla, on leva les épaules, on le quitta.

Je pourrais quitter auſſi le Lecteur, & lui faire grace de la ſuite de ce Chapitre, mais ni lui ni moi ne devons abandonner notre héros aux triſtes réflexions que lui fit faire cette prompte diſparate.

Ce n'eſt donc qu'à l'or, dit-il, que les femmes donnent la préférence ! S'il a déjà tant de pouvoir ſur le cœur de la jeune Zizie, que dois-je attendre de toutes les autres ? . . . O ſoif de l'or ! néceſſité d'en avoir, s'écrioit-il, oui, je reverrai Zizie, & je lui ferai ſentir que l'amour doit être le prix de lui-même, ou plutôt je demanderai à mon aſtrologue le moyen d'acheter & l'amour & l'aiſance, & le bonheur. Il dit, & s'achemina : où ?

CHAPITRE IV.

L'Amour eſt un bon Maître.

FO-KA, gâté par la lecture des hiſtoriettes tragiques, dont des ſonges creux, des imaginations attrabilaires inondoient périodiquement alors l'Empire Clincannois, l'eſprit étourdi & conſtipé de leurs phraſes néologiques & indigeſtes, s'atriſtoit en héros de Roman ſur les foibles prémices de ſes amours, quand par le plus heureux haſard il en rencontra l'objet.

Il avoit l'œil agard d'un Auteur de Drame ſépulchral, & alloit en prendre le ton pédadogue quand Zizie lui dit en ſouriant que le but de leur premier entretien ayant été le plaiſir, il lui ſembloit qu'on ne pouvoit le reprendre que gaîment, & qu'elle croyoit qu'il devoit y avoir de l'analogie entre le diſcours & ſon ſujet. Notre Candidat Littéraire jura par Confucius qu'il n'avait jamais trouvé de ſi bon aphoriſme dans Ariſtote même, & puiſa dès lors dans ſon propre cœur, ainſi que dans les yeux de ſa Belle, tout ce qu'il lui dit pour l'amener à ſon but.

Cette jeune Danſeuſe, grace aux leçons de ſa tante entendue, ne ſe plaſtrona pas des grands mots d'innocence, de pudeur & de vertu, mais elle raiſonna en ſpéculatrice précoce, & dit à Fo-ka : Je vois bien où vous en voulez verir, & je ne me dissimule pas que sous le nom de cœur, qui se donne suivant vous, vous me demandez certaine autre chose qui se vend, suivant moi. Ne croyez pas, mon cher, ni que je vous livre jamais pour rien ce qui doit coûter la fortune d'un Seigneur Chinois, ni que je déroge à la loi que se sont fait depuis plus de cent ans mes pères & mères de ne se jamais marier.

— Mais vous êtes dans l'âge.....
— Du plaisir, n'est-ce pas? Assurément, reprit-il en serrant amoureusement sa main. — Hé bien, c'est pour cela même, mon cher, que je veux me procurer celui de tirer à vue, sur tous nos Richards, & de jouir comme tant d'autres de la manie qui nous les attire, &

de la duperie qui nous les attache.

O Pagode de mon ame ! s'écria-t-il, d'où peut venir tant de raisonnement dans un âge si tendre? — Des conseils de ma chère tante; des entretiens de coulisses ; nous ne regardons nous autres Saltimbanques le plancher du Théâtre que comme un pont fait pour passer de l'indigence à la fortune; nos graves conductrices nous apprennent à sacrifier pour cela & la pudeur du Sèxe & l'estime publique ; il est bien juste que nous arrivions à notre but ; comme je suis pressée d'y parvenir , je vous laisse méditer sur les moyens de m'y donner la main pour m'y conduire, & cela dit , Zizie s'échappa comme un oiseau , & Fo-ka resta comme un sot.

CHAPITRE V.

Où l'intérêt commence.

LE perſonnage étoit trop meſquin pour le faire long-tems ; il faut qu'un homme qui a de l'acquis & de l'ambition ne ſe laiſſe point abattre ; Fo-ka courut donc chez le Bonze, lui fit part de ce qui s'étoit paſſé, & le conjura au nom des Dieux, au nom de Zizie même, d'employer la puiſſance aſtrologique pour lui ſoumettre la Fortune & l'Amour.

Son Mentor expérimenté, lui répondit: vous n'irez jamais à l'une, & vous ſerez toujours dupe de l'autre ſi vous vous paſſionnez pour des femmes altérées de besoins celles-même qui jouent le mieux le sentiment sont aussi celles qui visent le plus à leurs intérêts, & ce n'est pas pour satisfaire à la cupidité d'une Zizie que je voudrais décomposer votre être par mon pouvoir magique. — Décomposer mon être !..... Que voulez-vous dire ? — Il n'est pas tems de vous en instruire. Allez, mon cher enfant, employez les ressources de votre esprit pour vous introduire chez des femmes riches ou accréditées, & ne servez leurs caprices qu'autant qu'elles avanceront votre fortune. — Mais ma mère Zizie..... — Votre chère Zizie est un gibier de Seigneur à qui il en faut laisser dévorer les terres. Adieu.

CHAPITRE VI.

Début dans le monde.

C'EST à des coquettes douairières, c'est à des joueuses de profession que l'usage dévoue l'honneur de former les manières & de recevoir les prémices d'un jeune homme; il n'étoit pas juste que Fo - ka dérogeât à la coutume, aussi s'adressa-t-il à l'antique veuve d'un Mandarin, qui avoit obtenu depuis son veuvage le droit d'établir un tripot dans lequel on s'efforçoit de se ruiner pour l'enrichir. Comme il est tems pour tout, elle faisoit dans son automne les mêmes avances qu'on lui avoit faites dans son printems. A l'aide de ſes vieilles prunelles & de ſon mûr diſcernement, elle évalua le mérite corporel de Fo-ka, & n'épargna aucune agacerie pour en tirer parti. Si nous ſuivions toujours l'inſtinct naturel, nous ſerions moins ſujets à nous tromper ; notre héros combina ſes intérêts & fit une ſottiſe. L'appas que lui tendit la vieille fût un goufre dans lequel il ſe perdit.

Dès qu'ils furent arrangés, elle lui confia ſes affaires, lui demanda des avis, des ſervices, & finit par lui ſoutirer le peu d'or qu'il avoit gagné au jeu ; il en étoit à la dernière pièce quand la Dame lui dit, après s'en être emparée, que lorſqu'un cavalier étoit ſans fortune il ne devoit pas nuire aux intérêts d'une femme par des aſſiduités marquées ; il voulut répliquer, mais l'entrée leſte & familière d'un Coëffeur à la mode, lui fit comprendre qu'il fallait lui céder le dez & la place.

L'Auteur Aſiatique, en partageant le reſſentiment de ſon Héros, s'écrie: Quelle différence des femmes d'alors à celles d'a-préſent ! A quoi j'ajoute : Hé, quelle différence de ces femmes-là aux nôtres !

CHAPITRE VII.

Encore un choc & plus.

QUOIQUE notre jeune homme fut éconduit comme galant, il étoit toujours admis comme un joueur. Un jour donc qu'étant dans cette maison posté par hasard d'un côté où des *Grecs* * faisoient valoir la fortune, il tiroit sans le savoir un parti considérable de leur entente, il fut touché d'appercevoir de loin une jolie personne qui se ruinoit en pariant contre lui ; il alla à elle

* Escrocs de jeu.

pour s'excuſer civilement des avantages que lui donnoit le ſort aveugle, & ſur-tout étonné de découvrir ſous les ajuſtemens les plus magnifiques, ſous la parure la plus éclatante, qui ? Sa chère Zizie ; partagée entre l'orgueil & l'avarice, elle avoit la bouche riante & l'œil humide.

Ce que je vous ai gagné, lui dit Fo-ka, en amoureux de Roman, eſt toujours à vous, puiſque tout ce que je poſſède vous appartient. Zizie ſavoit bien qu'il étoit beau de ripoſter à une généroſité par une autre, mais elle ſavoit encore mieux qu'il étoit laid de ſe ruiner par ſa faute. Elle ménagea donc ſa réponſe de manière à concilier ſes intérêts avec ſon amour-propre.

En ces tems reculés c'étoit bien dans les tripots que les femmes négocioient leurs grandes affaires, mais c'étoit chez elles qu'elles les concluoient. Fo-ka obtint facilement la permiſſion de reconduire ſa Belle, & jouit bientôt dans ſon magnifique logement des prérogatives de celui qui l'avoit décoré. La voluptueuſe, l'intéreſſante Zizie, demie couchée ſur un ſopha, les yeux fixés ſur ſon Amant, un bras mollement paſſé ſur ſon cou, lui juroit qu'elle avoit toujours penſé à lui, qu'elle l'aimoit plus que jamais : des larmes échappées, des ſoupirs entrecoupés, accompagnoient les proteſtations de tendreſſe qu'elle lui faiſoit. Ce n'avoit été, diſoit elle, que pour ſe ſouſtraire aux horreurs de la misère, pour ſe procurer une aiſance néceſſaire, qu'elle avoit cédé aux conſeils de ſa tante. Ce n'étoit auſſi que pour revenir un jour comme épouſe entre les bras de Fo-ka, qu'elle ſe trouvoit à préſent comme Amante dans ceux d'un autre. Déſigner un rival heureux, annoncer ſon bonheur, c'était conſterner, pétrifier même notre écolier en amour. Il étoit encore dans l'angoiſſe du déſeſpoir quand un eſclave vint parler bas à Zizie. Sauvez-vous, dit-elle à ſon ſoupirant, mes gens m'annoncent l'arrivée du Prince. Nous ſerions perdus s'il nous voyoit enſemble.... — Me permettez-vous de revenir ?... — Je vous l'ordonne même,

& je garde toutes ces chofes comme un gage de votre retour. En difant cela elle ramaffoit & ferroit précipitamment tout l'or que Foka avoit laiffé fur un bureau. On le fait paffer par un efcalier dérobé, on ouvre devant lui une petite porte que l'on referme derrière, & le voilà dehors, le cœur gros & la bourfe plate.

CHAPITRE VIII.

On ne penſe pas à tout.

JE n'ai plus beſoin ni des conſeils ni des ſecrets du Bonze, s'écrioit Fo-ka, c'eſt du cœur de Zizie, c'eſt du don de ſa main que je tiendrai ma fortune & mon bonheur. Qu'on vienne encore décrier les femmes en ma préſence ; qu'on attribue leur paſſion au caprice, leur attachement à l'obſtination, leurs bienfaits à l'orgueil, & j'opposerai à tant de calomnies l'amour réfléchi, la conſtance à l'épreuve & la généroſité naturelle de ma chère Zizie.

Telles étoient les idées qui

l'occupoient en attendant l'heureux inſtant de la revoir, telles furent celles qui le firent revoler chez elle. Il frappe avec cette émotion, cette agitation qui caractériſent l'empreſſement de l'impatience du cœur. On lui ouvre & on lui répond bruſquement que Zizie n'y eſt pas ; qu'elle eſt même partie accompagnée du Seigneur qui l'avoit ſi bien électriſée avec ſes breloques, & qu'ils doivent s'embarquer pour une des Iſles de la Chine, on ne ſait laquelle.

D'après ce coup de foudre, je m'attendois à voir notre héros s'élancer ſur *l'A point-nommé*, vaiſſeau ordinaire des Romans; dès-là je le voyois battu par les tempêtes, ſe ſauver ſur une planche, pris dans un combat naval, enchaîné à fond de cale; enfin ſuivant le vieux rite romaneſque, je m'attendois à le voir retrouver ſon Amante dans le Serrail d'un Pacha, dont il ſeroit l'eſclave; mais point; mon Auteur l'envoie tout uniment puiſer, dans les pavots du ſommeil, un remède contre l'ivreſſe de l'amour, & n'en déplaiſe à toute infidelle, j'en vais faire autant.

CHAPITRE IX.

Aux grands maux les grands remèdes.

FO-KA, persuadé qu'on devoit proportionner la dose des remèdes à la force des maux, employa huit heures de suite à dormir, pendant lesquelles encore, pour plus grande efficacité de la recette, il n'en abandonna que quelques instans aux sombres vertiges de l'amour ou du désespoir. Quand il fut éveillé, il se fit ce raisonnement : « Ou je ne suis qu'un » sot, ce qui n'est pas possible, » puisque je sais par cœur *les dix* » *Cathégories d'Aristote*, ou j'au-

» rois tort de regretter Zizie, car » enfin la femme eſt d'une eſpèce » deſtinée à nos plaiſirs, Zizie » étoit un individu de cette eſpèce, » donc elle devoit m'en faire goû- » ter. » Et puis s'il eſt de fait qu'une ſeule femme puiſſe nous procurer cent plaiſirs, par progreſſion mathématiques dix femmes nous en produiront mille. Bien content de ſon ſyllogiſme & de ſon théoriſme, il décida qu'il falloit parvenir à oublier la cauſe du chagrin, & ſe procurer la faculté de multiplier les objets du plaiſir. Allons trouver le Bonze, & prions-le de nous donner les moyens d'avoir, s'il eſt poſſible, tout l'or de nos mines, afin d'enchaîner tous les cœurs de nos

Belles. Mais, dira-t-on, elles accorderont à l'attribut ce qui eſt dû au ſujet ; & que m'importe ſi ces mauvaiſes logiciennes prennent l'effet pour la cauſe? Auſſi occupé de ſon *ergotiſme* qu'un pédant de Collége, il arriva chez le Bonze, avec qui il argumenta à perte de vue ſur la néceſſité d'avoir de l'or pour acheter l'eſtime, les dignités & les plaiſirs. Nous verrons ce qu'il lui dit dans le Chapitre ſuivant, que je crois devoir dédier au Dames.

CHAPITRE X.

Choſes merveilleuſes.

QUEL que ſoit le pouvoir que j'ai de vous faire avoir de l'or, lui dit le Bonze, je ne puis pas préciſément vous en donner la propriété, mais vous en aurez la jouiſſance, & vous trouverez tels Officiers publics qui vous diront que c'eſt la même choſe : mais ce que j'y vais joindre de plus précieux, c'eſt le don de connoître les hommes qui ſont toujours ſi énigmatiques, qu'à moins de s'incorporer en eux on ne peut développer les véritables ſentimens de leur cœur. Je ſais que vous avez naturellement l'esprit caustique, & j'augure que les critiques que vous aurez bientôt occasion de faire seront autant de leçons de conduite que vous vous donnerez à vous-même pour l'avenir.

En disant cela il le fit entrer dans son laboratoire plein de fourneaux, de matras, de cornues & d'alambics; les différentes distillations qui s'y faisoient répandoient la plus agréable variété de couleurs & de parfums. On voyoit sur des rayons nombre de bocaux, dont les étiquettes excitèrent la curiosité de Fo-ka. Il lut sur l'un d'eux : *Esprit de longue vie*, & demanda si cela pourroit prolonger les jours de beaucoup ?

On peut vivre un ſiecle, dit le Savant, en faiſant uſage de cet Eſprit, puiſqu'il eſt en même-tems le réparateur du corps & le températeur de l'ame.

Fo-ka demanda encore ce que c'étoit qu'une fiole ſur laquelle il y avoit *Eſſence du Savoir, ou la Phyſique expérimentale.* Si vous liſiez le deſſous, reprit le Bonze, vous verriez combien nous perdons de tems dans les Ecoles à apprendre & à diſcuter ſur des objets que nous ne connoiſſons qu'imparfaitement, ou dont nous ne pouvons avoir que des idées fantaſtiques, & il y avoit au-deſſous : *nihil ultrà.*

Il y a en cet endroit du manuſcrit une longue diſſertation ſur le *Tien* des Chinois, que j'ai ſupprimée, parce que ſa métaphyſique ne doit pas être entendue de tout le monde; mais ce qu'il faut que l'on ſache, c'eſt qu'enfin l'Aſtrologue tira un flacon ſur lequel il y avoit écrit: *Secret des Métamorphoſes*, & dit à notre jeune homme: à préſent ſi vous êtes courageux, je vais vous faire paſſer dans ce cabinet, où vous verrez des objets ſurprenans, dont vous ferez bientôt nombre. Il dit, & pouſſant une porte, il le fit entrer dans un lieu reſplendiſſant de lumières, où les ſens étoient ravis par la douce chaleur & les agréables parfums du Printems. Pluſieurs perſonnes étendues ſur des

lits

lits d'aromates, dont les rideaux n'étoient que de gaze, sembloient y dormir tranquillement. Les corps que vous voyez, dit le Mage, ne sont plus que des substances matérielles que j'ai rendu incorruptibles, & dont j'ai envoyé les ames s'identifier secretement avec d'autres dans tel corps qu'il leur plaira, pour connaître les secrets sentimens des personnages qu'ils choisiront, & jouir à leur gré de leurs avantages & de leur fortune. Ces ames reviendront quand il en sera tems se rétablir sous ces formes corporelles. Ainsi vous pouvez aussi en buvant quelques gouttes de cette liqueur, jouir des mêmes avantages que les êtres dont je vous parle.

On tient à ſa malheureuſe exiſtence comme à une méchante femme, & l'on éprouve toujours quelques troubles quand on ſe croit près de perdre l'une ou l'autre. Fo-ka balança à ſe quitter, pour ainſi dire, lui-même, mais ſur ce que le Sage lui aſſura qu'il pourroit faire d'agréables rencontres, que cela n'auroit qu'un heureux dénoument, il ſe laiſſa perſuader, but une goutte, puis une autre, enfin à la troiſieme, il tergiverſa, courut ſe jetter ſur un lit, & par une ſuite de ſon penchant pour les femmes, choiſit, quoique dans le délire, celui où repoſoit depuis peu le corps d'une jeune perſonne qui jouiſſoit encore de toute ſa fraîcheur. Laiſſons-le avec elle, & finiſſons par dire que c'étoit bien dommage d'être inſenſible en pareille circonſtance.

CHAPITRE XI.

Que devient-il ?

IL ne ſera plus queſtion que de l'ame de Fo-ka, & tout bien pèſé il vaut mieux avoir affaire à une ame ſans corps, qu'à un corps ſans ame. Voilà donc celle de notre Chinois dégagée de la matière, & qui s'élève dans les airs ; mais ce qu'il y a d'étonnant, c'eſt que quoique ce ne ſoit que par le rapport des ſens que nos ames voyent & entendent, &c. celle-ci a toutes ces perceptions ſans eux, c'eſt ce que je ne conçois pas, mais c'eſt ce que les Philoſophes démontrent clairement par les opérations des organes, ainſi je leur laiſſe le ſoin d'expliquer la cauſe, & je ne me charge que de celui de rapporter le fait. Voyons donc où alla notre Voyageur. Je me ſervirai toujours des termes conſacrés aux organes, puiſque je ſuis forcé de rapporter à cette ame les facultés qui leur ſont propres. Nouvellement échappée de ſon corps, elle n'avoit oſé prendre un vol trop haut. Elle plana dans notre athmoſphère, & s'élança par curioſité d'un côté où s'élevoit une grande pouſſière, & d'où s'exhaloit de fortes odeurs.

C'étoit une promenade de la Capitale du Royaume, qui étoit agréable par ſa ſituation, &

qu'on avoit rendu ridicule par ſa forme, en un mot, c'étoit un rempart dont on avoit fait une rue. On ne s'y promenoit point, mais des chevaux, des voitures, des hommes, des femmes, s'y fouloient, s'y repouſſoient ; la plus vile populace s'y trouvoit à côté des gens les plus diſtingués ; les Courtiſannes les plus diffamées y narguoient les femmes les plus reſpectables. Fo-ka voulut écouter ce qui s'y diſoit, mais il n'entendit que du bruit en général, & des mots en particulier.

La curioſité le porta à entrer dans des lieux que des orcheſtres diſcordans faiſoient retentir de leur vacarme ; il y fut infecté des exhalaiſons d'une liqueur forte & ſpiritueuſe, que la chaleur rendoit encore plus déſagréable & enivrante : liqueur qu'on y ſervoit à grands vaſes, & que des gens très-fluets buvoient à longs traits. Malgré les applaudiſſemens qu'on donnoit aux voix glapiſſantes des Chanteuſes, & aux ſtupides ſingeries des Chanteurs, il s'approcha d'aſſez près de quelques tables pour en écouter les converſations, mais il n'y entendit que des poliçonneries groſſièrement dites par des Libertins oiſifs à des Coquettes impudiques.

Peut-être dira-t-on que mon Auteur ou ſon Héros avoit de

l'humeur , je le laiſſerai croire, & je finirai ce Chapitre en diſant que Fo - ka, ſorti de là, fut ſe perdre dans la cohue du rempart.

CHAPITRE

CHAPITRE XII.

Ambigu - Comique.

ON n'approche point du quartier de la folie ſans en avoir des vertiges, & ſans courir à ſon temple; Fo-ka ſuivit une foule de grandes perſonnes qui entroient dans un petit Spectacle, où de petits enfans repréſentoient de plus petites pièces; c'eſt dans l'ordre, dira-t-on. Oui, mais ce qui n'y eſt pas, reprend mon Auteur, c'eſt d'y applaudir à ces platitudes, & c'en étoit au moins ce jour-là, car on y donnoit un certain *Luſtucru*, qui mettoit des têtes humaines à la forge, & un *Tréſor* qui ne valoit pas une *roupie*. Malgré la futilité du Spectacle, tant de gens avoient à se louer de la politesse de l'Entrepreneur, étoient si édifiés de ses mœurs, qu'ils couroient en foule faire sa fortune. Voilà comme le mérite est toujours récompensé.

On agissoit plus dans ces sortes de Spectacles qu'on n'y parloit, & les spectatrices de celui-ci en étoient les meilleures pantomimes; appuyées sur des balcons, elles éclatoient de rire pour montrer leurs dents; elles faisoient pirouetter leurs têtes pour faire voir leurs plumes, elles panchoient le corps pour montrer leurs gorges. Dans cette action perpétuelle elles faisoient des signes aux vieillards *coſſus*, & des niches aux jeunes gens *ſveltes*.

L'ame de Fo-ka, toujours amie du Sèxe, ayant fixé une jeune perſonne qui paroiſſoit folle & drolette, réſolut de faire ſa première incorporation en elle. *Mimie*; c'étoit ſon nom, ſortit, s'élança dans une voiture, & l'inviſible Fo-ka avec elle. Déjà incorporé, il eſt tout étonné de devenir elle-même, ce qui provenoit, ſans doute, ſuivant la métaphyſique des Magiciens, de l'union intellectuelle, de l'indiviſibilité des deux ames; car, de l'avis même des Bonzes, quand on paſſe les bornes de la matière, il faut paſſer les bornes du raiſonnement. Quoiqu'il en ſoit, Fo-ka, ſous le nom de Mimie, se fait rouler dans un quartier détourné, en un logement mesquin; un jeune homme l'accompagnoit en l'assurant pour la première fois qu'il l'aimoit *à la rage;* Mimie répond en riant qu'elle en doute, & qu'elle ne l'en croira qu'à la preuve. Comme cette réponse étoit équivoque, & que les agaceries de la Belle y donnoient un certain sens, notre jeune homme mettoit cette preuve en jeu à son entente, lorsque Mimie lui dit: ce n'est pas de *ça* dont je parle, ce sont des avances pécuniaires que je vous demande. L'amoureux soupire, retire son enjeu, & s'excuse de son impuissance actuelle sur sa qualité d'Auteur; il offre des Epîtres, des Acroſtiches même, mais on le remercie pour cette fois, & on lui ſouhaite plus de fortune pour une autre.

CHAPITRE XIII.

Mauvais gîte.

LE jeune homme fut à peine ſorti, que Mimie ferma ſes verroux, ſe mit en devoir de ſe coucher, & perdit ſa gaîté en quittant ſa parure. Quel état! s'écria-t-elle, & pourquoi faut-il tenir à une exiſtence que le vice comble d'horreurs & n'alimente qu'à peine?

Elle en étoit là de ſes exclamations, quand on frappa fortement à ſa porte. Eſt-ce ici Mademoiſelle Mimie? demanda un Bonze bien vêtu, dont l'extérieur annonçoit tout à la fois le caractère de la bienfaiſance & de la ſatisfaction qui l'accompagne. C'eſt moi-même, Monſieur, répondit Mimie. — Vous m'avez écrit pour me demander des ſervices. — Hélas ! oui. — Mais vous êtes jeune, & vous pourriez en vous intriguant vous procurer..... — De l'ouvrage ſans doute? c'eſt ce que je fais; mais ou je perds mon tems à en chercher, ou je ne trouve pas ma ſubſiſtance à en faire. Excuſe de Coquette, reprit le Survenant en ſouriant & en paſſant la main ſous le menton de Mimie; au reſte, ce n'eſt pas de cela dont il faut parler à deux beaux yeux comme ceux-ci, c'eſt des reſſources qu'ils peuvent employer

— M'auroit-t-on trompée? On m'avoit dit, Monſieur, que vous obligiez ſans. . . . . — J'oblige, il eſt vrai, mais chacun ſuivant ſon état, & je venois vous faire des propoſitions analogues au vôtre. Au reſte, je vois que votre lumière eſt prête à finir; on m'attend en bas; je m'informerai de votre conduite, & ſous quelques jours je vous reverrai; j'eſpère que nous ferons alors quelque choſe l'un pour l'autre. Adieu, adieu, mon Ange, portez-vous bien & ſoyez ſage; mais ſurtout ne parlez à perſonne de ma viſite, afin que je ne perde rien du reſpect que j'impoſe. Fo-ka, plus ſenſible à l'infortune de Mimie que le Bonze, & fâché d'être hors d'état de ne pouvoir la ſoulager, réſolut de s'incorporer en cet homme ſingulier, afin de le mieux connoître, ce qu'il fit ; ainſi ſortirent-ils tous deux de chez cette infortunée, dont j'abandonne le triſte ſoliloque à l'imagination attendrie du Lecteur.

CHAPITRE XIV.

On ne le croira pas.

LE Bonze, à titre de ſupérieur, ſe diſtinguoit des autres par l'exemption de la règle & par l'augmentation des aiſances. Rentré chez lui il y fit un ſoupé d'autant plus ſucculent, qu'il étoit moins ſomptueux. Bientôt après il prit un Livre de morale, bâilla deſſus & le referma en diſant : Tous ces Philoſophes veulent corriger les paſſions, ſans rectifier les ſens, c'eſt ſottiſe. Plus on a de tempérament & plus on eſt amoureux ; au reſte, il n'y a que des crimes de ſociété, & de vice que le ſcandale. Je réfuterois ce moraliſte en quatre pages, ſi je ne m'eſtimois trop pour me faire Auteur; j'aime mieux dormir, ainſi allons coucher. Il ſonna, & ſe fit guinder ſur un lit fait pour la Volupté même. Je n'aurois déjà plus rien à dire ſi je terminois mon récit à ſon ſommeil, mais l'eſprit de Fo-ka, qui veilloit, m'amène à rendre compte des ſonges de ſon hôte. Il fut à peine endormi qu'il ſe tranſporta en un clin d'œil dans la Turquie aſiatique, pour s'approviſionner de ſes bons vins de Chypre, de Samos & de Chio; de là paſſant les mers, il fut choiſir les plus belles femmes de la Circaſſie & de la Georgie.

A ces jeux de l'imagination notre

Bonze ſenſuel en joignit bientôt d'autres plus voluptueux encore. Il s'imagina être dans le Paradis de Mahomet, & jouir en libertin avec ſes Houris du même plaiſir de mille manières différentes. Comme l'ame s'enivre des plaiſirs du corps! Fo-ka ſe dédommageoit ainſi amplement avec lui des rigueurs de Zizie, & jouiroit encore de ſes délices, ſi le Bonze ne ſe fut éveillé en nage, n'eût demandé un bouillon, ne ſe fut mis en état de donner ſes audiences & d'aller faire ſes viſites, ainſi qu'on le verra dans le Chapitre ſuivant.

CHAPITRE XV.

Choses bonnes à savoir.

LA Salle d'audience du Bonze étoit déjà pleine d'infortunés dont les débiles individus portoient le caractère de la honte & les livrées de l'indigence. Un vieillard à l'œil cave, aux cheveux blancs, s'avança vers lui, & l'implora pour plusieurs enfans qui le suivoient en partageant sa misère & sa tristesse. Je ne vois pas une fille dans tout cela, dit le Bonze, en jettant un coup d'œil rapide sur cette famille. — C'est que je n'en ai pas. — Tant pis... Et quel âge a votre femme ? — Environ quarante ans. — Encore tant pis ; je ne puis rien faire pour vous ; il faut vous remuer , faire travailler *tout ça. Adieu*..... Le vieillard veut parler; le Bonze le pousse par l'épaule, & reprend : Je n'ai pas le tems : je n'ai pas le tems : adieu , adieu, vous dis-je.

Une jeune personne à l'air leste, à l'œil éveillé, les remplace & lui présente une lettre , qu'il lit en riant & en s'écriant de tems à autres : quelles folies !..... Il tire quelques pièces d'or de sa bourse , les lui donne , & lui dit à demi-voix : vous êtes une petite méchante , d'être venu dans un moment où j'ai tant de monde ; on a toujours des choses particulières à dire à des yeux comme les vôtres. Je vous attends un de ces matins ; n'y manquez pas , mais ſur-tout de bonne heure.

Comme elle ſe retiroit, un homme bien vêtu aborde cavalièrement le Bonze, & lui dit : Je vous ai trouvé ce qu'il vous faut ; vous aurez occaſion de faire une bonne œuvre , & d'obliger une aimable perſonne. Elle eſt ma foi piquante, & n'a que treize ans ; je veux la mettre ſur le trotoir pour la faire parvenir juſqu'au Prince de *** , mais comme il eſt blaſé, ainſi que la plûpart de nos Grands , par la ſatiété des plaiſirs, il eſt queſtion de lui en réveiller l'apétit, en donnant à la petite les talens de la muſique & de la danſe , elle a déjà l'air le plus lutin , le plus agaçant, & j'eſpère en tirer partie. — Bon, tant mieux. Mais quand la verrai-je ? — Dès demain chez elle, où je compte bien que vous nous donnerez à ſouper. — Hé le Prince ? — Qu'appellez-vous le Prince ? Il ne la verra qu'après vous, fera comme ſes pareils, & la prendra telle qu'elle ſera. Tu es toujours un homme entendu, eſſentiel ; je ne m'étonne pas ſi ton mérite t'a placé ſi avantageuſement aux écoles de Terpſicore.

Le Bonze finit là ſes audiences, monta dans ſon palanquin, & ſe fit tranſporter chez la perſonne dont il venoit de recevoir une lettre.

CHAPITRE XVI.

Folies du jour.

JARGONE, c'étoit le nom de cette Elégante, étoit une Fée transformée en Cantatrice, qui n'avoit conſervé de ſes dons ſurnaturels que celui d'une voix enchantereſſe, du reſte c'étoit un composé d'extrêmes ; elle avoit la taille la mieux priſe avec la figure la plus hideuſe ; elle paſſoit pour bel-eſprit, & n'avoit pas le ſens commun. Des impertinences qu'elle faiſoit circuler, des huées qu'elle s'étoit attirées, & quelques vices accrédités en avoient fait la femme à la mode ; elle étoit connue au point que ſa maiſon étoit le rendez-vous des Seigneurs, des Financ'ers, des Poëtes, des Artiſtes, & ſur-tout des filles. Elle étoit à ſa toilette lorſque notre Bonze y entra. Son viſage naturel du matin auroit fait fuir Fo-ka, s'il ne ſe fut perſuadé que l'art de la coquetterie la rendroit ſupportable; il lui fallut trois heures pour ſe diſſuader, & il les employa à écouter les impertinences qu'elle dit, & les fadeurs qu'on lui débita.

S'il ne parvint pas à la voir embellir, il eut le tems de la voir ſe faire agraffer ſes braſſelets par le Bonze, tutoyer un Prince, donner des chiguenaudes à un autre, inſulter tout le monde par ſes ſarcaſmes. & révolter toutes les oreilles par ſes poliſſonneries.

Comme c'étoit une figure qui faiſoit deſirer la vue d'une autre, le Bonze courut chez une de ſes compagnes, toute auſſi biſarre, mais bien plus agréable, puiſqu'elle réuniſſoit & les plus grands talens de la danſe, & les plus belles qualités de l'ame. Elle faiſoit conſiſter ſon bonheur à faire des heureux, & défioit les Bonzes mêmes par ſes bonnes œuvres. Chez cette ſimple Elève de Terpſicore on ſe croyoit dans le Temple de la Bienfaiſance, où tous les malheureux couraient pour trouver du ſoulagement.

Cette femme ſingulière étoit ce jour-là même occupée tout à la fois à faire un emprunt qui put fournir à ſon luxe, & à diſtribuer à des indigens le peu d'or qui lui reſtoit pour ſon néceſſaire. Elle ne put avoir un long entretien avec le Bonze, qui prit congé d'elle pour aller ſe perdre, ſuivant l'uſage, dans le tourbillon de fats qui figuroient en ſautillant, geſticulant & *perſifflant* à une promenade à la mode, où les hommes & les femmes étoient convenus d'aller tous les jours à midi étaler le faſte, afficher le vice & promener le ridicule.

CHAPITRE XVII.

Suite néceſſaire.

LE Bonze fut bientôt entouré de gens qui l'abordoient en ſe proſternant devant lui, & qui ne ſuivoient ſes pas qu'en vantant ſa bienfaiſance, ſa ſageſſe & ſon eſprit. A ce propos quelqu'un le complimenta d'avance ſur la place qu'il alloit avoir dans une Société de Lettrés. Cela le fit reſſouvenir du Diſcours qu'il devoit y prononcer, & il courut chez l'homme à qui il l'avoit commandé. Il grimpa en hatelant à un bouge fort élevé, où un homme d'un vrai mérite dormoit ſur la dure & veilloit dans la fange.

Le Bonze, tout en allant chercher de l'eſprit, voulut faire briller le ſien aux dépens du vendeur. Il le railla ſans pitié & ſur ſa miſe & ſur ſon ameublement. Enſuite on en vint au Diſcours qui, ne tenant en rien du faux brillant clincanois, étoit plus fort de choſes que de mots. Ce n'étoit ni le ſtyle déchiqueté, ni le ton philoſophique de mode, mais c'étoit une oraiſon à la grecque, & digne de Démoſthène.

Plus ce diſcours avoit d'ordre, de force & de ſens, plus Fo-ka le trouvoit admirable, & moins le Bonze l'eſtimoit ſupportable. Il eut voulu du néologique dans les mots, de l'entortillage dans les phraſes, du giganteſque dans les penſées. L'Auteur, à qui la fortune ne donnoit que trop de leçons de modeſtie, homme conſéquent d'ailleurs, ne ſçut quelles raiſons oppoſer à des mots. Le Bonze prit donc le diſcours comme foible, le paya comme mauvais & s'en fut.

Les Métaphyſiciens prétendent, & il faut les en croire, que l'ame de Fo-ka étant dégagée de la matière, ou n'y étant qu'étrangère dans tous les individus qu'elle parcouroit, n'en concevoit que des idées plus nettes, & n'en formoit que des raiſonnemens plus juſtes;

c'eſt ſur cela qu'ils fondent le peu de cas qu'elle faiſoit du Bonze, & l'envie qu'elle eut de reſter chez l'homme de Lettres. Quoi qu'il en ſoit, cette envie ne fut que momentanée, puiſqu'elle accompagna le Bonze à un grand dîné chez un Richard à la mode, ou des Auteurs, des Muſiciens & des filles faiſoient de l'eſprit en déraiſonnant. Le Bonze qui avoit relu ſon diſcours en chemin, en avoit ſi bien ſaiſi la ſageſſe du deſſein & de l'ordonnance, qu'il s'en ſervit pour critiquer le faux goût oratoire qui règnoit alors. Il propoſoit, comme de lui-même, une nouvelle rhétorique, moins hériſſée de mots & mieux fondée en principes de goût.

Cela

Cela l'amena naturellement à lire ſon diſcours, qui fut applaudi de tout le monde, tant il eſt vrai que le vrai beau eſt toujours ſûr de plaire.

CHAPITRE XVIII.

Champs Elyſiens.

LES mœurs des Clincannois ne ſont pas exactement conformes à celles de tous les autres Chinois; cette différence eſt ſur-tout remarquable dans la Capitale. Le luxe y a introduit un goût déſordonné pour les plaiſirs ; tandis que les Riches les émouſſent tous ſans en goûter aucun, les pauvres ne s'occupent qu'à leur en imaginer de nouveaux. Comme ces peuples ont naturellement l'eſprit chimérique & léger, ils ſont idolâtres des Spectacles & des danſes. Tout ſaute & rit chez eux ; il y a Spectacle magique pour les gens à illusions, spectacle tragique pour les gens à sentimens, Opera-bouffon pour les gens superficiels, & jusqu'a parades pour la populace. L'art dramatique en général ayant été porté de la barbarie, à la perfection, & de la perfection au ridicule, il n'y avoit plus rien à faire dans ce genre pour s'enrichir, mais le goût sautillant des Clincannois laissoit une ressource du côté de la danse ; un étranger avoit donc imaginé, soit disant, de leur offrir un lieu agréable & voluptueux où ils pourroient sauter tout à leur aise.

On y couroit par curiosité, on s'y amusa par air, & on l'abandonna sans raison ; aussi-tôt des ſpéculateurs profonds s'aſſemblent & forment gravement le projet de conſacrer un autre monument à la Déeſſe des gambades. On trace une vaſte enceinte ; mille mains y ſèment l'or, mille ouvriers y ſacrifient leurs travaux ; l'édifice paroît.

La ſubtilité de ſon objet le rendoit trop important pour qu'on n'en parlât pas dans toute la ville, & même au dîné où Fo-ka ſe trouva, On réſolut d'y aller ; il ſe mit de la partie, & eut le plaiſir de donla main, à titre de Bonze, à la plus jolie femme de la compagnie.

Comme il étoit queſtion de juger d'un ouvrage de l'art, il crut qu'il ne falloit pas ſe laiſſer entraîner par l'opinion des autres, & dire tout *platement*, pour me ſervir d'une expreſſion de Petit-Maître Littéraire, *c'eſt admirable! c'eſt divin! c'eſt délicieux!* mais qu'il fallait partir d'un goût sûr, & dire avec juſteſſe: voilà qui eſt bon, ou voilà qui eſt mauvais.

La compagnie ayant long-tems attendu ſon tour pour entrer, il eut le loiſir de critiquer un périſtile de treillage qu'il trouva au lieu où il auroit dû admirer un frontiſpice de marbre. Il entre, traverſe une eſplanade où il fallait conjurer les ardeurs dévorantes du ſoleil, & le ſouffle impétueux des vents. Au lieu de treſſaillir de joie en montant à l'aſyle du plaiſir, il friſſonna d'horreur en deſcendant à ſon tombeau. Tout ce qui l'entoure ſemble en porter le deuil ; la couleur des colonnes paroît un vers de gris répandu ſur un bronze antique. Il n'y a pas juſqu'aux termes qui ſoutiennent plattement une plus platte lanterne, qui ſemblent participer par leur mauſſaderie à la triſteſſe du lieu.

A force de bras on tire les femmes de ce ſouterrain, & on les fait aller à une pièce d'eau ſans jets ni caſcades, qui croupit dans une eſpèce de baſſe-cour ; de-là on les promène dans un champ clos & rabotteux qu'on leur dit être un jardin, & qu'elles trouvent délicieux ; quoiqu'il n'y ait ni boſquets, ni parterres, ni vaſes, ni ſtatues, ni tapis verts, ni allées couvertes.

Elles y chercheroient encore de l'ombre ſi la curioſité ne les eut ramenées dans le palais ſépulchral pour y voir danſer des marmots & jouer des marionettes. Je ne ſçais, dit l'Auteur Chinois, ſi l'ennui les en chaſſa, mais je ſens qu'il fait écrouler ce palais à mes yeux.

CHAPITRE XIX.

Beau caractère.

IL faut tenir à l'eſtime pour reſter attaché à quelqu'un ; l'on ſait, dit mon auteur, que ces liens ne ſont ſouvent que des fils avec les Miniſtres des Pagodes, & l'on doit voir que ce ne pouvoit être que des cheveux avec le Bonze de Fo-ka ; on ne s'étonnera donc pas de le lui voir quitter pour aller chez le Richard au grand dîner. La magnificence avec laquelle il l'avoit vu traiter ſes convives, lui donnoit la plus haute idée de ſa générosité ; la tranquilité avec laquelle il l'avoit entendu converſer lui donnoit la meilleure opinion de ſa douceur. D'ailleurs à l'érudition qu'on avoit étalée à ſa table, il le jugeoit un homme inſtruit. Il vole donc chez lui, pénètre dans ſon cabinet, & il le trouve occupé à entaſſer des idées mal digérées & baſſement exprimées, qui tendoient à faire un projet pour vexer le peuple par un impôt ruineux.

Ce riche maltotier ayant pour département l'une des plus importantes concuſſions, donnoit des audiences où il paroiſſoit avec autant d'importance & plus de diſtraction qu'un jeune Miniſtre. On n'y entendoit que demander graces ou pour des particuliers en fraude ou pour des Commis en déficit. Le Partiſan ricannoit des ſuppliques, arrachoit les placets, & répondait: *Point de grace : & de l'argent.* — Mais, Monsieur, il n'en a point. — *Il a sans doute des meubles, un vêtement?* — Hé! quoi, voudriez-vous le priver...... — *Moi, de rien, mais la Compagnie lui fera tout vendre.* — Ce seroit lui arracher la vie. — *Hé bien, ce seroit le dernier tribut qu'il payeroit.*

Dans le nombre des supplians il se présenta un femme d'un certain âge, qui lui demanda grace pour son mari, qui n'avoit pu, étant malade, & par pitié pour des misérables, saisir & exécuter leurs effets. Il regarda cette femme, & lui dit : *allez, Madame, un honnête homme ne doit pas être même indisposé au moment de son de-*

voir, & au détriment des intérêts de la Compagnie. — Hé ! Monſieur, ſi vous le révoquez, tous nos enfans ſeront ſans pain. — *Hé bien, Madame, ils iront en mendier.* Il avait à peine proféré ces mots, qu'une jeune perſonne ſe jette à ſes pieds, & lui dit : Puiſque vous nous réduiſez à cette affreuſe néceſſité, ſouffrez, Monſieur, que ce ſoit pour nourrir ce malheureux père que je vous en demande. — *Que diable ! une grande fille, une jolie perſonne..... Allons, allons, relevez-vous, Mademoiſelle, car vous pourriez m'attendrir, &....* — Non, Monſieur, je reſterai en cet état juſqu'à ce que j'aye la grace de l'un de vos plus anciens & de vos plus fidèles Prépoſés. Il lui tend la main, la relève, & dit : *Ha ! ha ! la grace... que les jolis minois ſont impératifs ! Mais ce n'eſt pourtant pas aujourd'hui ni dans cette ſalle qu'il me plaît de vous obéir, au reſte, venez ſeule un matin me prendre dans mon cabinet, & nous verrons.* Sur cela il repouſſe pluſieurs perſonnes qui s'empreſſent de l'entourer, & leur échappe en s'eſquivant dans une autre pièce dont il ferme bruſquement la porte ſur eux.

CHAPITRE XX.

Contraste.

FO-KA étoit malheureux, il avoit l'ame tendre & trop compatissante pour rester long-tems chez ce dur personnage ; elle résolut de le quitter pour aller revoir le Marchand de discours oratoire, elle le trouva donnant à une femme âgée, noble & misérable un Mémoire fait pour obtenir des secours du Souverain. Ce Mémoire étoit à la manière de l'Auteur, c'est-à-dire, que les mots n'y servoient qu'à donner de la clarté aux choses, que l'exorde en étoit simple & lumineux ; que la narration n'exposoit que des faits intéressans, n'avoit que des images attendrissantes ; que la pérosaison n'y excitoit que la pitié & la justice, &c.

Quel prix peut-on mettre au service que vous me rendez? dit cette infortunée. — Je serai assez payé de mes soins si j'apprends le premier la nouvelle de leur réussite. — Puisque la Fortune me poursuit au point de me priver du nécessaire, dites-moi au moins ce que je pourrois faire pour.... — Accepter de ma main quelque restaurant. Elle refuse, il persiste, & épuise sa bourse à se procurer le meilleur vin de Chypre. L'aller chercher, le faire chauffer, le verser & le faire prendre sont quatre actes de bienfaisance qu'il exécute en un instant,

Cet homme étoit malheureux en tout, l'amour aggravoit ses peines, même en lui procurant le plus grand des plaisirs, celui d'être aimé. Fo-ka vit chez lui une jeune personne qui en étoit éprise au point de fronder toutes bienséances Chinoises en l'allant voir. Elle vouloit le rendre heureux, ou comme amante ou comme épouse, & quoi qu'il adorat cette charmante fille, il refusoit un bonheur qui pouvoit nuire à sa fortune ou à sa réputation. Il payoit sa tendresse de cet amour platonique que les Clincannois n'avoient jamais regardé que comme une vertu romanesque. C'est l'usage, lui disait-il, chez les Chinois de donner aux parens de la personne qu'ils épousent, le prix de son mérite, dois-je priver les vôtres d'un si gros fonds ? L'honneur est en Chine le seul appanage des filles, dois-je le ravir à celle que je révère & que j'adore? — Mais l'Envie décrie vos talens, l'ignorance insulte à votre mérite, l'Avarice le met à contribution; vous souffrez, je partage vos maux, & je n'aurai de bonheur qu'autant que vous deviendrez heureux. Allez, mon adorable, lui disoit-il en serrant ses mains contre son sein, & les couvrant de baisers, je vaincrai l'infortune par mon opiniâtreté au travail, & la médiocrité me tiendra lieu d'opulence, tant que je me verrai digne de l'estime des honnêtes gens & de

votre

amour. — Acceptez au moins quelques pièces d'or de la main d'une amie qui vous en prie & qui vous en presse. Je n'en ai pas besoin, je suis riche au sein de l'indigence; je sais me passer, & je possède votre cœur. En vain la jeune personne vouloit-elle lui laisser furtivement cette preuve de son amour. Est-il quelques mouvemens qui puissent échapper aux yeux d'un véritable amant? Il la surprenoit par-tout, & par-tout il contrarioit son intention en lui donnant mille baisers amoureux. O Zizie! disoit Fo-ka, si vous eussiez ressemblée à cette aimable enfant je serois le plus heureux des hommes! Voilà deux êtres malheureux, mais intéressans qui brillent dans l'obscurité par la ſimple vertu. Je les regarderai déſormais comme les ſeuls Bonzes qui puiſſent m'en montrer la pratique en m'en donnant la théorie.

CHAPITRE XXI.

L'Opérateur.

C'EST une propriété de l'eſprit de paſſer ſubitement d'un objet à l'autre. L'ame de Fo-ka ſe trouva tout-à-coup tranſportée chez un Opérateur, & c'eſt ce qui m'autoriſe à l'y ſuivre ſans autre tranſition. Cet homme ſingulier paſſoit pour très-ſavant, ſans ſe douter d'aucune ſcience, & moyennant certain taliſman que lui avoient vendu les premiers Médecins de l'Empire, il avoit le droit de diſtribuer un remède ſuſpect dans le fait par ſon univerſalité, mais ſpécifique en apparence par ſa cherté ; il vouloit acquérir des terres & des châteaux ; il aimoit mieux être *Monſeigneur* à prix d'argent, que de devenir *Docteur* à force d'études ; il préféroit les élixirs, les baumes & les dragées mêmes à toutes les ſavantes opérations de la Pharmacie. Il vouloit hâter ſa fortune, il falloit combler ce ridicule, & c'eſt ce qu'il faiſoit par la biſarrerie des propriétés qu'il attribuoit à ſes remèdes, ce qui lui attiroit le plus grand concours, comme on va le voir.

l Fo ka s'étant trouvé chez lui à e'heure de ſes conſultations, l'Audur Chinois les rapporte comme ee curieux indices des mœurs de te ns r eculé. La premièreperſonne, dit-il, que ſon héros vit paſſer de la ſalle d'audience dans le cabinet de l'Opérateur, fut une jeune fille, qui avec la miſe ſimple d'une Ouvrière, avoit la fière ambition d'une Coquette; elle demandoit les moyens de plaire & de s'enrichir. Le prétendu Médecin regarde ſes yeux, ſouffle dedans, & leur communique un air effronté qu'il lui conſeille d'aller faire valoir dans les plus brillantes boutiques de la rue centrale de la ville; lui montre le ton ricanneur & le *perſifflage* de mode qu'il faut employer à midi dans la grande allée, & le ſoir à l'Opéra, lui répondant de ſa fortune ſi elle ſait intéreſſer à ces petits agrémens ou certaine obligeante douairière, ou certain joli Bonze.

Survient un mince Croque-notes, qui envie le mérite des *Philidor* & des *Grétry* du Royaume; notre Esculape mêle une forte dose de poudres de suffisance & d'imprudence, dont il lui ordonne l'usage continuel, au moyen duquel il acquerera sans étude un savoir apparent, & sans dépense un air riche; à quoi il n'ajoute d'autre régime que des dîner chez les Grands, des veillées chez les filles, & sur-tout un grand verre d'eau en donnant leçon.

Tout étoit un objet d'attention pour Fo-ka, il regardoit attentivement une grosse chenille qui s'étoit introduite en rempant par dessous la porte, quand tout-à-coup elle se métamorphosa en un petit homme laid, ſec & bavard; il avoit été mouſſe de vaiſſeau, colporteur de livres, ſouffleur de Comédie, auteur de marionettes, mouroit de faim, ne ſavoit rien, & vouloit devenir homme de Lettres. Les Opérateurs ont un remède à tout; celui-ci ordonna de prendre de l'eſprit de Dictionnaires, mêlé dans du *compendium* de compilation, le tout enveloppé dans une forte doſe de ſtyle *rabot-énigmatiquo* & ſopoudré de ſel bétunique, lui recommandant d'en faire un uſage journalier, afin de ſe procurer une ſobre ſubſiſtance littéraire. Il ajoûta que ſi elle lui paroiſſoit trop maigre, il pourroit ſe procurer de petits reſtaurans en jettant quelques gouttes de ſon ſtyle ſur des feuilles éphémères, afin qu'elles ſe fanaſſent plus vîte; & comme le conſultant ſe ſentoit autant d'inertie que d'ambition pour tous les genres, le faux Médecin lui indiqua des Auteurs qui lui donneroient un jour le nom de Poëte tragi-comi-lyrique. Notre petit *Roquet* avoit tant de beſoins ſcholaſtiques, qu'il ſeroit encore à demander de quoi les ſatisfaire ſi d'autres perſonnes ne ſe fuſſent préſentées. Un Nègre, deux Coureurs, trois lévriers annoncèrent l'importance du premier perſonnage qui ſurvint, & qui mérite un Chapitre.

CHAPITRE

CHAPITRE XXII.

Le Prince Croquet.

LA mise du Prince *Croquet* étoit aussi imposante que sa suite ; il avoit des manchettes de point, un bouquet à la Nicaise & de la poudre rousse. Outre cela il avoit encore un habit brodé de plusieurs couleurs, & étoit bardé des cordons de différens Ordres étrangers. Il joignoit à tout cela l'air agréable de pincer les lèvres, de parler gras, de lever les épaules, de courber le dos & de fléchir les genoux.

Vos premiers remèdes m'ont assez bien fait, dit-il à l'Empirique, mais j'ai encore beſoin de vous pour des choſes de plus grande importance ; je vous attends un de ces matins à ma petite maiſon de *Pantin*. Vous y trouverez du délicieux, n'y manquez pas, mon cher ; je m'en vais, car je ne puis ſuffire ni à mes affaires, ni à mes bonnes-fortunes.

Il ſort en pirouettant, ſiffle ſes gens & s'élance dans un vis-à-vis à ſept glaces, où Fo-ka l'accompagne pour le mieux connoître. Rentré chez lui il trouve des maîtres ſans nombre, des ouvriers ſans fin & des griſons de toutes eſpèces qui l'attendent ; il donne des cachets aux uns, des ordres aux autres, des réponſes aux derniers, & les renvoie tous contens.

Il entre dans ſon ſallon, fait baiſſer les jalouſies, touche du clavecin, marmotte l'Ariette nouvelle, prend le Roman du jour, va ſe jetter ſur une Ottomane, ouvre le livre, le parcourt & s'endort.

Fo-ka, perſuadé qu'un grand Prince ne peut avoir que de beaux ſonges, guette ceux de celui-ci, & eſt tout étonné de voir qu'il n'en fait que de fort meſquins. Ce ſeroit bien le diable ſi les Poëtes ſe trompoient, & ſi l'ame d'un Grand n'étoit pas plus noble que celle d'un Petit, & que la grandeur ne fut elle-même qu'un des ſonges de la vie, en ce cas-là le moindre goujat qui iroit en cheminant à pied rejoindre nos armées pour ſe meſurer courageuſement contre les Tartares, vaudroit autant que le Grand-Seigneur qui iroit en litière pour y faire étalage de ſon luxe ; mais voyons en effet ſi je ne me trompe pas moi-même, & ſi un noble à ſeize quartiers, & même à trente-ſix karats, peut rêver bourgeoiſement comme un autre homme. Il eut bientôt ſatisfait ſa curioſité, car il vit le Prince Croquet dans des ſyncopes de cochemar à qui des valets donnoient des croquignoles, des filles des camouflets, & des Archers des coups de verges. Autant vaudroit-il perdre la vie, diſoit notre Héros, que de voir ainſi ſa nobleſſe baffouée; mais au reſte, qui me répondra qu'elle ſoit plus reſpectée ſur les ſombres bords que dans l'empire des ſonges? En croirai-je là-deſſus Virgile même, qui a oublié d'y faire retrouver Madame *Créuſe*, malgré ſa qualité de Princeſſe Troyenne? Il eut pouſſé ſes réflexions auſſi loin qu'un Romancier Anglois, ſi le Prince n'eut été réveillé par les remuantes agaceries de deux Courtiſannes lutines. Elles s'aſſirent à ſes côtés, continuerent à éguillonner ſon amour, vantèrent ſon goût, ſon opulence, ſa générofité, & finirent par lui demander chacune une des bagues qui brilloient à ſes doigts. Ho! volontiers, leur dit-il en les leur préſentant avec un ſourire affecté qui ſignifioit le contraire. Mais nous vous en privons, reprit l'une d'elles. — Cela m'embarrasse moins que mon Jouaillier, je vous jure. Saisissons cet acte de générosité pour finir noblement ce Chapitre.

CHAPITRE XXIII.

Il ne faut pas reſter ſur la bonne bouche.

BIENTÔT après il ſurvint nombre d'autres perſonnes, on ſonna le dîné, & l'on fut ſe mettre à table. Nous y ſuivrons Fo-ka pour connoître les convives. Il y avoit de ces Poëtriaux qui farciſſoient au tems jadis le Mercure-Galant de leurs Vers anodins; des maquignons de chevaux; des courtiers d'amour; des faiſeurs d'affaires & des prêteurs ſur gages. Les premiers vantoient l'ancienne maiſon du Prince & les rares vertus des filles, les autres faiſoient des nouvelles & des calambours. Au deſſert on fit jaillir & ruiſſeler le champagne,&l'on n'entendit bientôt plus dans ce galant bacchanal que le *clok* des bouchons & les éclats des bouteilles & des ris. Cependant on fit ſilence pour boire à pleins verres le *herſch-waſer* & l'eau-de-vie d'Andaille, ſeules liqueurs à la mode alors chez les délicats Clincannois. On ſe leva de table, les deux femmes en robe à la Polonnoiſe, ſans ſcrupuleuſe ni ſans ſcrupule, empoignèrent les épaules du Prince, s'appuyèrent fortement deſſus & ſe firent traîner hors de la ſalle en le tutoyant, & en diſant de gros jurons & de groſſes ſottiſes, à quoi ce Prince diſoit en riant & en pinçant les lèvres: *Admirable! divin! délicieux!* On fut d'abord faire une pauſe dans un boudoir, enſuite une partie de billard, où les Dames montrèrent leur habileté à jouer de queue. L'Auteur dit, & je rapporte fidèlement ſon expreſſion, que quoique ces *filles* puſſent ſe regarder comme un peu *princiſées*, elles ſe reſſouvinrent qu'elles devoient ſe confondre dans les chœurs de l'Opera pour y eſſuyer noblement les ſifflets du Public à qui elles vouoient leurs ſervices. Mon Prince, je veux que tu y viennes avec moi, je te donne une place dans ma voiture; je t'admets à ma toilette dans ma loge, dit la plus petite, qui étoit ou plus cavalière ou plus *Princeſſe* que l'autre. Mais cela eſt d'une folie qui ne reſſemble à rien ; reprend le Prince; ton Opera eſt aujourd'hui en bonnet de nuit; on n'y donne que du *Rameau* ; il faut donc y bâiller? Bâille-t-on à côté de moi, dit-elle en galantiſant S. A. d'un petit ſoufflet. — Mais que ferons-nous après? — Ce que nous ferons? Voilà qui eſt *ſucculent!* Eſt-ce qu'on ne trouve pas toujours à faire avec des femmes d'Opera? — Vous êtes les deux plus *divines Carognes* que je connoiſſe ; on ne peut rien vous refuſer. — Et vous, vous êtes *le roué le plus délicieux* & le plus néceſſaire. En diſant cela on remet *la reſpectueuſe* devant une glace, & on rabaiſſe le corſet devant le Prince, on appelle les gens, on monte dans les voitures ; les femmes donnent un coup de tête aux Poëtes, le Prince ſerre la main aux gens d'affaires, & l'on part.

Tandis que les chevaux alloient ventre à terre, que le cocher, tout en criant garre, donnoit des coups de fouet pour eſtrayer & écarter les honnêtes piétons, la petite, aſſiſe ſur les genoux du Prince qui lui faiſoit les plus jolies niches, y répondait par les plus grandes folies.

CHAPITRE XXIV.

L'Opéra ou autres choſes.

LES Clincannois avec une langue peu chantante & de fauſſes idées ſur la muſique, n'ayant d'ailleurs pas beaucoup de Poëtes qui connuſſent la proſodie lyrique, & bien moins de Muſiciens qui connuſſent la Muſique ſentie, étoient fous de l'Opéra. Il étoit généralement ſurchargé de machines & dénué d'intérêt, mais on y voyoit de jolis minois, on y diſoit de bonnes folies, on y faiſoit d'agréables marchés, en un mot on y *tuoit le tems*, & tout cela a un certain mérite chez des Peuples ſpirituels, mais légers, qui brillent en tout, mais qui ne s'arrêtent à rien.

Tandis que le Prince papillonnoit dans les couliſſes, l'ame de Fo-ka ſe détacha pour quelques inſtans de ſon individu, & voulut juger ſainement du mérite des Acteurs & des Actrices. Sans avoir lu aucun traité ſur leur talent, elle s'imagina tout bonnement que le véritable art étoit l'imitation de la Nature, & qu'avec l'idée du vrai on pouvoit juger du bon & du mauvais. D'après ces principes naturels, cette ame regretta de ne pouvoir, à l'aide d'un corps, lever les épaules en voyant des eſpèces d'automates organiſés mouvoir leurs bras comme des balanciers,

& qui au lieu d'exprimer avec chaleur les paſſions d'un rôle, répétoient froidement la muſique d'une leçon.

Fo-ka fut tout auſſi mécontent des chœurs, ils étoient compoſés d'un tas de gens étroitement ramaſſés qui interrompoient en *piaillant* à tue-tête une action à laquelle il n'avoit d'autre intérêt que de gagner un ſouper de mercénaires. D'autres interrompoient auſſi gauchement cette action par des ballets toujours trop longs & jamais aſſez analogues, dans leſquels on découvroit ſouvent la laſcivité des Danſeuſes; quelquefois la force des Danſeurs, & rarement le génie du Compoſiteur.

Les Clincannois tenoient ce

genre de ſpectacle d'un peuple voiſin, dont la Langue étoit mille fois plus muſicale que la leur, & ils les imitoient par air, ſans penſer à les approcher par art.

Ces mêmes Voiſins n'y admettoient des danſes que comme des intermèdes détachés du ſujet, & propres à amuſer pendant les entr'actes; les Clincannois adoptoient à leurs ſcènes lyriques des ballets diſcordans avec ſon action, & préjudiciables à ſon intérêt. Les Grecs, ces peuples de la Poëſie, ayant introduit les chœurs dans leurs Pièces de Théâtre pour plaire à des Peuples républicains, jaloux de ſe mêler des affaires du gouvernement, les Auteurs Clincannois, ſerviles imitateurs, avoient introduit ces mêmes chœurs dans une Monarchie où l'affaire d'Etat ne ſemble point la cauſe publique. Les fêtes religieuſes ayant donné naiſſance aux Spectacles des Grecs, ils devoient naturellement ne rouler que ſur la mythologie, & quoiqu'ils ne fuſſent plus qu'un objet d'amuſement chez les Clincannois, leurs Auteurs vouloient encore qu'ils s'intéreſſaſſent aux métamorphoſes ſcandaleuſes d'un Jupiter, & qu'ils s'amuſaſſent des danſes ridicules des démons & des ombres, &c. On leur auroit plutôt coupé les oreilles & le nez que de leur faire goûter du plaiſir & trouver de l'intérêt à voir la repréſentation d'une hiſtoire nationale, ou un tableau des mœurs, dans

dans

lesquels, à l'aide de la Musique, on leur peignit ou les grandes actions ou les grandes passions de leurs semblables. Fo-ka vit cependant ce jour-là que le vrai est toujours bon, aux applaudissemens que les spectateurs donnèrent à la petite, pièce dans laquelle d'innocens villageois qui consultoient un *Devin* sur leurs tendres amours intéressoient par la naïveté de leur dialogue, & le naturel de leur chant.

CHAPITRE XXV.

Il étoit tems.

LE Prince avoit papillonné dans les loges, persifflé dans les coulisses & pirouetté dans les foyers, quand il s'apperçut qu'on baissoit les rampes, & qu'il étoit tems de se retirer. Fo-ka eut celui de le rejoindre pendant les complimens qu'il reçut sur le balcon, & les courbettes qu'on lui fit sous le vestibule. Ils s'attendoient tous deux à aller chez la petite Danseuse qui avoit promis à souper, mais elle donnoit la main, ou plutôt elle entraînoit par le bras un autre Seigneur étranger, très-remarquable par la richesse de ſés vêtemens. Cet inſtant donna un peu d'humeur au Prince, & cauſa beaucoup de ſurpriſe à Fo-ka, car dans le court eſpace de tems que le premier mit à bouder cette fille, le dernier vit paſſer Zizie ; il fut tenté de la ſuivre, mais la foule étoit ſi grande qu'il craignit & de ne pouvoir la trouver & de ne pouvoir rejoindre le Prince.

Il ſe détermina donc à le ſuivre chez lui ; il le voit demander d'un air bruſque un ſouper qu'on lui ſert d'un air inſolent ; il mange ſaus appétit, boit ſans ſoif, baiſſe les paupières, renvoie ſes gens & relève les yeux humides de pleurs.

D'où peut venir ce chagrin, diſoit Fo-ka, il l'auroit lu dans l'ame de ſon hôte, ſi l'eſpèce d'inertie dans laquelle elle étoit, ne l'eut rendu impénétrable. Il cherchoit encore la cauſe de l'abattement du Prince, quand il lui vit remettre une lettre de femme qu'il décacheta promptement. Dieu ! quelle fût la ſurpriſe & la rage de Fo-ka lorſqu'il reconnut l'écriture de Zizie, & qu'il vit qu'elle s'engageoit à venir ce jour même paſſer la nuit avec ce Seigneur, qui lui répondit :

« Je ſuis excédé de vapeurs,
» ſtupéfié d'inquiétude, annihilé
» d'ennui, mais ennui, inquié-
» tude & vapeurs, tout diſparoî-
» tra devant toi ; & je ne connoî-
» trai que le plaiſir & l'amour dans
» tes bras. L'idée ſeule de la belle

» Zizie ſoutient l'exiſtence du
» Prince Croquet. »

Il faudroit des plumes taillées à l'Angloiſe, ou même à la Grecque, pour rendre le ſombre & déſeſpéré ſoliloque du jaloux Fo-ka dans cette circonſtance. Attendre Zizie pour l'accabler de reproche, la poignarder & la pleurer après, eut été un bel incident romaneſque qui auroit intéreſſé & attendri toutes les jolies femmes du Palais-Royal ; mais comment injurier ſans bouche ? poignarder ſans bras ? & pleurer ſans yeux ? Il vaut donc mieux ſuivre ma narnation en hiſtorien fidèle, & abandonner le tableau de cette ſituation à l'imagination réminiſcente des maris & des entreteneurs du tems.

On frappe doucement à une porte dérobée de la petite maiſon du Prince, ſes oreilles ſont aux aguets; ſon cœur lui dit que c'eſt Zizie; Fo-ka a la même idée; ils volent tous deux au devant d'elle; la même paſſion les anime, mais différens motifs les tranſportent; ils traverſent l'appartement, ils arrivent dans un veſtibule, où une foule de gens, munis de flambeaux & de piques, attendent le Prince, l'arrêtent & le repouſſent bruſquement chez lui. Un homme, dans l'acoûtrement d'un magicien & dans un ſtyle de démoniaque, lui fit ſubir l'interrogatoire le plus ſtricte: à quoi il répond de la manière la plus humble. Enfin ce Prince qu'on avoit tant *monſei-*

gnorisé , altessisé & excellentisé, avoue qu'il n'est rien autre qu'un esclave impudent qui avoit ébloui toute la Ville & dupé tous les Citadins..... Quel horreur ! s'écrie une Petite-Maitresse en fermant le Livre, Fo-ka en quittant la maison, & l'Auteur en finissant le Chapitre.

CHAPITRE XXVI.

Les Foux ſinguliers.

FO-KA ſuivoit notre aventurier au triſte château que lui avoient mérité ſes gentilleſſes, mais voyant qu'il n'y avoit pour tout logement que l'un des plus petits & des plus meſquins boudoirs; il s'évada facilement par la lucarne, tandis que S. A. entroit avec peine par un guichet.

Je l'ai déjà dit, tout étoit objet d'attention pour une ame errante. L'agitation continuelle, les contorſions ſingulières du nombre de gens qu'elle vit dans une vaſte enceinte, la décidèrent à s'incorporer

porer rapidement dans quelques-uns de ces individus, pour connaître les causes de leur bisarrerie. Le premier auquel elle s'attacha étoit un prétendu Poëte qui croyant surpasser tous les tragiques nés & à naître, avoit mis vingt ans à composer froidement une Tragédie que le Public avoit sifflé chaudement en trois heures. Ce qu'il avoit de singulier, c'est qu'en dissertant avec bon sens de son art, il l'exerçoit avec extravagance, & qu'il réunissoit l'orgueil le plus vain à la misère la plus honteuse. Il élevoit son esprit jusque dans les nues, & rouloit son corps dans la fange.

Fo-ka passa à un autre être aussi curieux & non moins bisarre; c'étoit un ignorant qui vouloit tout ſavoir. Il critiquoit tous les Auteurs, & n'en connoiſſoit aucun ouvrage. Au reſte, il avoit lu *les Trois Siécles*, jugeoit d'après les Journaliſtes, ſe donnoit pour connoiſſeur & paſſoit pour homme d'eſprit.

Notre Héros alla viſiter un homme dont la folie de l'eſprit contraſtoit avec la gravité de l'âge; il ſacrifioit ſa ſanté, ſa fortune, ſon repos à une courtiſanne ſtupide qui les attiroit à plaiſir. Il la ſuivoit par-tout, elle le fuyoit ſans ceſſe. Il pleuroit de ſes rigueurs, elle rioit de ſon amour; il la préféroit à cent Beautés; elle le ſacrifioit à mille freluquets, &c.

Plus loin Fo-ka vit des vielards, qui le dos courbés & le front dégoûtant de ſueur, ramaſſoient de la pouſſière d'or qu'ils amonceloient avec grand ſoin, & tout auprès d'eux étoient de jeunes garçons avec de petites filles qui prenoient cette pouſſière à poignées, la jettoient en l'air & ſouffloient deſſus pour en mieux diſſiper toutes les parcelles. En voyant ainſi cette pouſſière évaporée, les vieillards pleuroient à chaudes larmes, & les jeunes gens rioient à gorge déployée.

L'odeur de l'ambre, de la poudre à la maréchale & de l'eſſence de citron attira Fo-ka vers un fat qui ſe faiſoit un jeu de déchirer ſes ſemblables & de *miſtifier* le Public dans des écrits qui pétilloient d'eſprit ſans avoir le ſens commun, qui faiſoient bâiller les Savans, & pâmer les caillettes. Ce Petit-maître littéraire avoit des airs & un ſtyle maniéré, coquetoit les femmes, cotoyoit les Grands, affichoient l'impudence & ſe rendoit célèbre en ſe montrant ridicule.

CHAPITRE XXVII.

Les hommes enfans.

LA ſingularité des perſonnages d'un autre quartier de cette enceinte y attira l'ame de Fo-ka ; elle y vit des hommes & des femmes qui étoient en bourrelets & à la bavette. Il y avoit des premiers qui (les lunettes ſur le nez , & de compagnie avec des enfans qui battoient de l'eau de ſavon pour en faire des amuſettes.) ſouffloient ſous des creuſets pour y opérer le grand œuvre, & tandis que les enfans voyoient briller & crever à l'inſtant les légers globules qu'avoient produit leurs jeux innocens, les vieillards voyoient évaporer & diſſiper en fumée le réſultât de leur travail enfantin.

Il en vit d'autres qui tout tremblottant qu'ils étoient, diſputoient à certains enfans le talent de faire des châteaux de cartes en faiſant des châteaux en Eſpagne. Les poupons diſoient en ſautant de joie, en ajoutant cartes ſur cartes : Ha ! que mon château ſera beau ! & les vieillards s'écrioient en éclatant de rire à meſure qu'ils ſpéculoient, ho ! que je ſerai riche ! Un ſouffle faiſoit écrouler les premiers édifices ; une toux enlevoit les derniers architectes.

Il y avoit encore d'autres vieux enfans qui jouoient avec des petites poupées animées, qui ſautoient, rioient, les chatouilloient, & les égratignoient pour les amuſer.

De même que les jeunes enfans s'occupent des ajuſtemens de leurs poupées, ces vieux enfans ſe plaiſoient à parer les leurs. Ils jouoient avec elles au pied de bœuf, & ils étoient toujours les premiers pris, ils jouoient auſſi à Colin-Maillard, & ils avoient toujours le bandeau ſur les yeux, & donnoient ſans ceſſe dans le pot-au-noir.

De l'autre côté étoient de grandes femmes & de petites filles-enfans, qui ſe défioient les unes & les autres par les petits jeux, les petits contes, les petits mots, les petits airs enfantins.

Les petites filles ornoient leur mémoire de fables, les mamans occupoient leur imagination de contes. Tandis que celles-là jouoient à la dame & au tonton, celles-ci jouoient à la Ducheſſe & aux cartes. Les petites étudioient la Géographie, l'Hiſtoire; les grandes apprenoient la Muſique, la Danſe. Les unes avoient peur du loup-garou, les autres croyoient aux eſprits malins; enfin les premières avoient des humeurs, boudoient leurs Maîtres, battoient leurs Bonnes, & les dernières avoient des vapeurs, querelloient leurs gens, égratignoient leurs maris, & les unes & les autres caquetoient, rioient, ſautilloient par accès.

❋

CHAPITRE XXVIII.

Rencontre intéreſſante.

C'EST la folie des Sages de ſe moquer de l'extravagance des foux; quantité des premiers accouroient dans cette enceinte délirer avec les derniers. Dans le nombre de ceux qui y ſurvenoient, Fo-ka fut tranſporté d'y reconnoître Zizie ; ſa joie eut été complette s'il ne l'eut pas vue donner la main à un jeune homme avec lequel elle paroiſſoit *tout au mieux ;* le démon de la Jalouſie poſſédant notre ame errante, elle ne fit qu'un ſot (dit l'Auteur) pour s'incorporer en cette *fille.* Mais quoique leurs deux ſubſtances ſpirituelles ſe réuniſſent , le voiſinage les fit ſouffrir par la différence de leurs caractères. Autant l'une étoit jalouſe, autant l'autre étoit coquette. Zizie, tout en marquant une grande intimité au jeune homme qui lui donnoit le bras, tout en lui ſerrant la main, attaquoit des yeux tous ceux qui l'entouroient. Après avoir inſulté à la folie des gens qu'elle voyoit, ſans ſe douter de la ſienne, elle ſortit avec ſon jeune homme & Fo-ka. Ils furent à une petite maiſon, car c'étoit en ce tems-là les demeures de toutes les jolies folles. Dans cette petite maiſon il y avoit un petit boudoir & un grand canapé où Zizie, ſuivant la coutume, traitoit de toutes ſes affaires.

Je t'aime à la rage, dit-elle au

jeune homme en l'embraſſant, mais tu es un perfide ; je ne doute pas que tu ne me faſſes des infidélités avec *Floé*, *Clorinde* & *Zamaïde*. — Voilà comme vous me chicannez toujours ; comme vous m'excédez ſans ceſſe ; voilà comme vos humeurs effacent vos charmes, & comme votre jalouſie rend votre amour inſupportable. — Mais, *Chan-ki-ou*, comme vous me parlez, comme vous vous prévalez de ma foibleſſe ! — Bas, bas, votre foibleſſe..... C'eſt chez vous habitude, maladie ; & après tout, vous ne faites rien de plus pour moi que ce que vous avez fait pour Fo-ka. --- Quoi ! vous pouſſez l'injuſtice, l'ingratitude même juſqu'à me reprocher Foka, juſqu'à le comparer à vous, tandis que vous ſavez que je n'ai jamais rien fait pour lui, que je ne lui ai jamais rien donné, & que je vous comble de careſſes & de préſens; je dis plus, vous n'ignorez pas que je le déteſtois & que je vous adore.

Si jamais une ame fut en peine ce fut celle de notre Héros, voir qu'on nous préfère un ingrat, qu'on s'en fait un mérite, voilà de ces ſituations violentes que n'ont encore pu peindre nos Dramatiques les plus recherchés.

Eſt-ce là tout ce que vit le déſeſpéré Fo-ka? dira-t-on? Je réponds à cela, en reprenant le fil de ma narration: le rigoureux Chan-ki-ou s'étoit levé & ſe promenoit à grands pas comme un homme ennuyé, quand Zizie lui dit: Mais venez donc vous asseoir ; est-ce ainsi qu'on parle à une femme qu'on aime ? --- Non, Zizie, je veux m'en aller, les pertes du jeu me font tourner la tête, mon cœur même déraisonne. — Quoi ! ce n'est que cela ! Mais tu sais que nous avons de l'argent, puisque le Prince me paya hier mon mois. — Mais, Zizie, dit notre cruel en se radoucissant, ce mois peut-il suffire à la dépense de ta table, & payer ce joli équipage que tu m'as forcé d'accepter ? — Hé ! mon ami, n'avons-nous pas encore cette rivière de diamans que me donna ton Etranger l'autre jour ! — Ha ! oui.... Mais, ma fille, cela va te dénuer. — Hé bien, mon cœur, nous avons des ressources, va, va, deux gens comme nous ne peuvent pas périr; ton jeu & le mien ne nous laifferont rien à defirer. — En ce cas, ma petite Zizie, donne-moi tout cela de peur qu'il ne te vienne quelqu'un. Il dit, elle donne, & il emporte. Cela fait, nos amans contens l'un de l'autre, les bras mutuellement enlacés fur leurs épaules, vont en fe donnant mille baifers fe précipiter fur le canapé, où Fo-ka eut vu bien d'autres chofes fi l'amour n'eut tiré les rideaux & foufflé les bougies.

Fin de la Première Partie.

TABLE DES CHAPITRES

DE LA PREMIÈRE PARTIE.

Fin de la Table des Chapitres de la première Partie.

www.ingramcontent.com/pod-product-compliance
Ingram Content Group UK Ltd.
Pitfield, Milton Keynes, MK11 3LW, UK
UKHW020914180726
13838UKWH00002B/543